Las Mejores Estrategias de Marketing

Estás a punto de descubrir un sistema para generar exposición comercial al que no podrás renunciar.

Estas son las mejores ideas para ganar dinero con tu negocio

Victor Lauella

Sommario

Capítulo 1
Directo a las estrategias

Internet es enorme. Éste es quizá el concepto más importante que debes entender como vendedor por Internet. Por muy original que sea tu idea, vas a tener competencia en Internet. La cuestión es entonces: ¿cómo vas a destacar entre la multitud y atraer negocio? La clave está en la estrategia. Necesitas identificar tu nicho de mercado y entender a tu audiencia mejor que nadie. Esto implica realizar investigaciones exhaustivas sobre las necesidades y deseos de tus potenciales clientes, y luego adaptar tu contenido y productos para satisfacer esas necesidades de manera única y efectiva.

La buena noticia es que hay muchas cosas que no necesitas para tener éxito en Internet. Estas cosas incluyen un presupuesto publicitario masivo, diseñadores gráficos caros, hacer que tu empresa sea conocida, una elaborada base de operaciones y semanas laborales de 80 horas. En lugar de eso, lo que realmente necesitas es una estrategia de contenido sólida que te permita conectar con tu audiencia de manera auténtica y significativa. Utiliza herramientas de SEO para mejorar tu visibilidad en los motores de búsqueda y aprovecha las redes sociales para construir una comunidad alrededor de tu marca. La consistencia en la publicación de contenido de calidad es crucial, así como la interacción regular con tus seguidores para mantenerlos comprometidos.

¿Qué necesitas entonces? Necesitas trabajar de forma más inteligente, no más dura. Esto significa automatizar procesos donde sea posible, como el uso de software de gestión de redes sociales para programar publicaciones, y herramientas de análisis para medir el rendimiento de tus campañas. También es importante mantenerse actualizado con las últimas tendencias y tecnologías en marketing digital para poder adaptarte rápidamente a los cambios del mercado. Al enfocarte en la eficiencia y la efectividad, puedes maximizar tus resultados sin necesidad de invertir cantidades exorbitantes de tiempo y dinero. La creatividad y la innovación serán tus mejores aliados para destacar en un entorno tan competitivo como el de Internet.

Correr con los gigantes

En todos los sectores hay competidores de primera fila. Microsoft domina el software, Google gobierna la tecnología de los motores de búsqueda, McDonalds es el emperador de la comida rápida. Sin embargo, Internet es un campo de juego nivelado, y tu empresa puede parecer tan grande y establecida como tú quieras. Sólo necesitas una fracción de porcentaje del pastel online para disfrutar del éxito empresarial.

El posicionamiento en buscadores sigue siendo la mejor forma de dar a conocer tu negocio en Internet. En los inicios de Internet, la práctica del relleno de palabras clave -colocar palabras clave irrelevantes o excesivas en las páginas web para lograr un mejor posicionamiento en los motores de búsqueda- era frecuente. Hoy, sin embargo, la tecnología de los motores de búsqueda es mucho más sofisticada, y no existe una fórmula "mágica" para ascender en las clasificaciones.

¿Cómo puedes posicionarte bien en los buscadores y competir con las mejores empresas de Internet de tu sector? Lo único que tienes que hacer es ser realista. Haz que tu sitio web sea informativo, interesante y siempre cambiante, y conseguirás una buena puntuación en los motores de búsqueda.

Los "secretos" de hoy en día para estar en los primeros puestos de los buscadores incluyen:

- Esfuérzate por proporcionar a los visitantes información real, útil e interesante que haga de tu sitio web no sólo una gran herramienta de venta, sino un lugar estupendo para visitar y pasar algún tiempo.

- Planta ganchos en tus páginas para los buscadores que estén relacionados con la información de cada página.
- Haz que tu empresa corra la voz y se difunda de boca en boca utilizando publicidad de pago por clic y otras vías relevantes para tus mercados objetivo.

Cómo empezar

Sólo necesitas un ordenador y un sueño

Cuando elijas tu negocio de marketing en Internet, debes tener en cuenta varios aspectos. Un negocio equivocado te llevará a malgastar esfuerzos y a no obtener beneficios, una perspectiva realmente desalentadora.

La primera consideración deben ser tus propios intereses y pasiones. Si no te apasionan tus productos o servicios, tu negocio no tendrá éxito. Es tan sencillo como eso. Debes estar convencido más allá de toda duda de que tu producto o servicio merece la pena, es emocionante, eficaz y algo que otras personas querrán o necesitarán.

Otra razón por la que necesitas entusiasmo a tu lado es tu propia resistencia empresarial. Probablemente has trabajado en empleos que no te importaban lo más mínimo, aunque sólo fuera para poder cobrar un sueldo. Puede que incluso estés trabajando en un empleo así ahora. ¿Cuánto tiempo piensas permanecer en él? ¿Te esfuerzas al máximo en el trabajo cada día? Si no es así, no te apasiona lo que haces, y no llegarás muy lejos.

Una vez que hayas identificado un negocio por el que puedas generar mucha pasión y entusiasmo, considera además estas dos preguntas importantes:

- ¿Resuelve tu producto o servicio una necesidad o una demanda? ¿Existe una gran demanda de este producto o servicio, al menos en nichos de mercado?
- ¿Puedes atraer de forma barata a tu sitio web un gran número de visitantes? ¿Existen foros, revistas electrónicas o sitios web populares dedicados a este tipo de producto o servicio, o utilizados por tu mercado objetivo?

Si no puedes responder a estas preguntas con un "sí" rotundo, tienes que volver al principio y elegir otro producto o servicio que te apasione.

Lo mejor que puedes hacer para facilitar el éxito como vendedor por Internet es tener paciencia e investigar al principio. No inviertas tu tiempo en encontrar un proveedor, crear un sitio web, elegir afiliados y poner en marcha tu máquina de marketing hasta que tengas listos los tres ingredientes clave: pasión, demanda y vías de comercialización.

La buena noticia es que hay miles de nichos de mercado ahí fuera, ¡y cada uno de ellos presenta una oportunidad para iniciar un negocio rentable en Internet!

Consejos de marketing

Una vez que te hayas decidido por tu negocio, es hora de iniciar tu investigación de mercado. De nuevo, este paso entra en la categoría de estrategia y preparación. Ten en cuenta que la estrategia, y no la inversión, es tu billete hacia el éxito. La investigación de mercado te permitirá comprender mejor a tu audiencia objetivo, identificar sus necesidades y preferencias, y evaluar a tus competidores. Utiliza herramientas como encuestas, entrevistas y análisis de datos para recopilar información valiosa. Esta información te ayudará a desarrollar un plan de marketing efectivo que resuene con tu audiencia y te diferencie de la competencia.

Además, es crucial que definas claramente tu propuesta de valor. ¿Qué hace que tu producto o servicio sea único? ¿Por qué los clientes deberían elegirte a ti en lugar de a tus competidores? Comunicar claramente tu propuesta de valor en todos tus canales de marketing es esencial para atraer y retener clientes.

No subestimes el poder del marketing digital. Las plataformas de redes sociales, el marketing por correo electrónico y el SEO son herramientas poderosas que pueden ayudarte a llegar a una audiencia más amplia y a construir una comunidad leal alrededor de tu marca. Asegúrate de crear contenido relevante y valioso que atraiga a tu audiencia y fomente la interacción. La consistencia es clave: publica regularmente y mantén una presencia activa en línea.

Finalmente, mide y analiza los resultados de tus esfuerzos de marketing. Utiliza herramientas de análisis para rastrear el rendimiento de tus campañas y ajustar tu estrategia según sea necesario. El marketing es un proceso continuo de prueba y error, y estar dispuesto a adaptarte y mejorar continuamente es fundamental para el éxito a largo plazo.

Marketing OTO (oferta única)

Si alguna vez has aprovechado una oferta gratuita, habrás visto ejemplos de esta estrategia. La teoría de la OTO es simple y directa: regala un gran producto e inmediatamente ofrece otro producto valioso junto con el obsequio a un precio muy rebajado.

Por ejemplo: supongamos que tu negocio en Internet vende software para libros electrónicos. Puedes anunciar un informe gratuito sobre los secretos para crear libros electrónicos que se vendan, y luego ofrecer un descuento en el propio software cuando los clientes aprovechen tu regalo.

Ten en cuenta, sin embargo, que tienes que hacer que el producto gratuito esté disponible incluso para quienes no aprovechen tu precio de descuento. Si dificultas o imposibilitas la obtención de tu obsequio, perderás esa confianza tan importante, el bien más valioso del marketing en Internet.

Algunos consejos para un marketing de OTO eficaz:

- Las estrategias de marketing de oferta única son cada vez más populares en los negocios online. A medida que más empresas se aprovechen de esta técnica, menos consumidores estarán interesados. Debes esforzarte por encontrar formas de hacer que tu oferta OTO sea única o darle un giro original, para que destaque entre todas las demás ofertas que hay ahí fuera.
- Ten en cuenta que probablemente tendrás que hacer frente a un aumento de los problemas de atención al cliente a medida que implementes tu campaña de marketing de OTO. Aunque tu sitio web contenga instrucciones claras y precisas para obtener tu obsequio, es posible que algunos de tus visitantes tengan problemas para encontrar e enlace o logotipo correcto en el que hacer clic. Si no lo ven, supondrán que les estás pidiendo que paguen por algo que se ofrecía gratis. Ten paciencia e indícales la dirección correcta, y te ganarás su negocio.
- Asegúrate de que puedes aceptar un gran volumen de pagos. Con cualquier negocio en Internet, es una buena idea tener varias opciones de pago para tus clientes. Esto te ayuda a no sobrecargar a tus procesadores de pagos con un fuerte aumento de las ventas debido a un programa OTO. Algunos servicios de cuentas comerciales de terceros, como PayPal, suelen marcar con una bandera roja las cuentas que tiener un aumento repentino de fondos entrantes, y es posible que te congelen la cuenta mientras el comerciante verifica que no estás llevando a cabo una estafa. Disponer de otras opciones de pago para cubrir esta posibilidad garantizará que puedas seguir haciendo negocios.

- Una lista de suscriptores es una de las mejores formas de anunciar una campaña OTO. Si aún no tienes una lista de suscriptores, es una buena idea construir una antes de sacar tu programa OTO. Sin embargo, crear una lista de suscriptores sólida para tu boletín o sitio web lleva tiempo. Si no tienes tiempo de conseguir una lista de suscriptores, pero aún así quieres ofrecer tu OTO, podrías hacer el anuncio de tu programa a través de otros socios con la promesa de corresponderles con una de sus promociones más adelante.
- Un aumento del tráfico es bueno para tu negocio, pero puede ser malo para tus servidores. Si tu producto es descargable, también debes tener en cuenta el ancho de banda disponible para tu sitio web. Consulta con tu proveedor de servicios web y asegúrate de determinar con antelación cuánto ancho de banda vas a necesitar. Si vas a necesitar más ancho de banda del que permite tu servidor, busca una solución económica de transferencia de archivos, como www.fileburst.com.

En resumen, la estrategia OTO puede ser una técnica de marketing extremadamente eficaz. Ofrece a tus visitantes algo por lo que normalmente pagarían dinero, y dáselo gratis; luego, ofrece inmediatamente algo de aún mayor valor a un precio bajo.

Asegúrate de que tu obsequio y tu producto de venta estén directamente relacionados (como el informe sobre la creación de libros electrónicos eficaces y el software de creación de libros electrónicos). Si tu producto de venta es incluso mejor y más atractivo para tu mercado objetivo que tu obsequio, ¡tus cifras de ventas explotarán!

Algunos buenos mercados

Realmente hay miles de mercados entre los que puedes elegir en Internet, y muchos de ellos tienen millones de internautas que se ajustan a la demografía que buscas. Tanto si el mercado está explotado como si no, identificar un nicho equivale a más beneficios y más rápidos para ti.

¿Has considerado estos nichos de mercado?

- Las madres. Actualmente, hay más de 32 millones de madres en Internet. Si tienes un producto o servicio orientado a las madres, puedes aprovechar este enorme mercado. Las mamás utilizan Internet para buscar algo más que recetas de comida para bebés y consejos de crianza. Sin embargo, debes ser consciente de que la mayoría de las mamás son expertas en la red y no se darán cuenta de cualquier estratagema de marketing condescendiente o intrusiva. Asegúrate de ser realista: no tergiverses tus productos ni dejes que tu material de marketing suene sermoneador o intelectual.
- Los viajes. Cada vez son más los usuarios de Internet que reservan viajes e investigan material relacionado con los viajes por Internet. Sólo este año, las ventas online de viajes y ocio relacionado con los viajes alcanzarán los 78.000 millones de dólares. El sector de los viajes es una de las secciones de más rápido crecimiento del comercio electrónico, ¡y hay mucho beneficio para repartir!
- China. En China existe un mercado enorme, en gran parte sin explotar. Más de 111 millones de personas en China utilizan Internet. El inconveniente es que la mayoría de ellos no tienen tarjetas de crédito. Pocos vendedores por Internet han sido capaces de idear un método eficaz para hacer negocios con China; tal vez seas tú quien cambie esa situación.
- Baby boomers. Todo el mundo sabe que sólo en Estados Unidos hay millones de baby boomers. Los productos y servicios que atraen a esta generación pueden tener un éxito enorme. La generación del baby boom se acerca rápidamente a la edad de jubilación, por lo que los productos y servicios que tratan de inversiones, opciones de jubilación y cambios

posteriores en el estilo de vida son temas candentes en Internet hoy en día.

Publicidad gratuita

¿Quieres publicidad sin gastarte un céntimo? Un comunicado de prensa redactado y distribuido con eficacia puede generar bastante atención para tus productos o servicios, y no te cuesta nada más que tu tiempo. Por supuesto, hay formas de ahorrar tiempo en comunicados de prensa gastando dinero: todo depende de lo que prefieras invertir.

A la hora de redactar comunicados de prensa, no puedes limitarte a escribir lo que harías para tu sitio web. Las personas que leen los comunicados de prensa son periodistas y reporteros. Buscan historias que vendan periódicos o revistas, o que consigan que la gente sintonice su programa de radio o televisión. Tendrás que hacer que tu producto o servicio sea convincente para los periodistas.

¿Cómo hacerlo? En primer lugar, sigue el estilo aceptado para los comunicados de prensa. Lo ideal es que todo tu comunicado de prensa quepa en una sola página. Los componentes de un comunicado de prensa estándar son:

- Titular
- Fecha de publicación
- Párrafo resumen
- Cuerpo del texto
- Información sobre la empresa
- Información de contacto

En segundo lugar, asegúrate de que la información que incluyes es convincente y de interés periodístico, sobre todo el titular y el párrafo de resumen. Desarrolla un gancho o un ángulo para tus productos o servicios que esté relacionado con la actualidad o con temas de interés universal. Si no te sientes cómodo redactando un comunicado de prensa o no tienes tiempo de sobra, puedes plantearte contratar a un redactor profesional para que lo escriba por ti.

Visita la página de consejos de PRWebs.com aquí para obtener más consejos sobre la redacción de comunicados de prensa y una plantilla: http://www.prweb.com/pressreleasetips.php

Una vez que hayas redactado tu comunicado de prensa, el siguiente paso es la distribución. Hay varias formas de distribuir tu comunicado de prensa:

- Utiliza Internet o las Páginas Amarillas para investigar los medios de comunicación de tu zona (periódicos, revistas, emisoras de radio y televisión). Identifica a la persona adecuada a la que dirigir los comunicados de prensa y envíalos por fax o correo electrónico. Asegúrate de contar con suficiente tiempo de antelación para las ideas de historias estacionales y promociones navideñas.
- Haz que tu campaña de comunicados de prensa sea aún más específica identificando a reporteros o periodistas concretos y poniéndote en contacto con ellos directamente con tu comunicado de prensa. En el caso de los periódicos locales, puedes escanear los artículos para recopilar los nombres de los reporteros y luego buscar su información de contacto en el sitio web del periódico.
- Regístrate en un servicio de distribución de comunicados de prensa y obtén la ventaja de llegar a un gran número de medios de comunicación con un solo envío. Puedes utilizar un servicio gratuito de distribución de amplio alcance como PR Web (www.prweb.com) o invertir una pequeña cantidad en un servicio de pago (normalmente entre 10 y 20 dólares) para llegar a una base de medios de comunicación más específica.
- Llama a las emisoras de radio locales y presenta tu tema verbalmente, utilizando tu comunicado de prensa como guía para tu discurso. Las emisoras de radio necesitan constantemente invitados para llenar sus

franjas horarias, y muchas estarán encantadas de tenerte si puedes hablar de algo que interese a sus oyentes.

Publicidad no del todo gratuita

Si no obtienes la respuesta que deseas de tus esfuerzos publicitarios gratuitos, puede que quieras empezar a añadir a la mezcla algunos métodos de pago de bajo coste.

Todo empresario de éxito sabe que parte de una estrategia empresarial eficaz incluye reinvertir los beneficios. No necesitas una fortuna para empezar, pero sí estar preparado para reinvertir parte de tus beneficios en la empresa. Incluso un pequeño presupuesto para publicidad puede suponer una gran diferencia en la cantidad de dinero que ingresa tu empresa.

Afortunadamente, como vendedor por Internet tienes a tu disposición un montón de métodos publicitarios baratos pero eficaces. He aquí algunos ejemplos:

Publicidad en Ezine

Las ezines, o revistas online, son un producto muy popular en Internet. Hoy en día circulan cientos de miles de ezines sobre casi cualquier tema imaginable. La publicidad en ezines puede ser muy eficaz (¡y barata!) si te tomas el tiempo necesario para hacer tus deberes.

Para anunciarte eficazmente en una revista electrónica, tienes que dirigirte a tu público y hacer un seguimiento de las respuestas. Esto significa que debes tener alguna forma de hacer un seguimiento de la procedencia de los visitantes de tu sitio web, para poder concentrar tus dólares de publicidad en aquellas publicaciones que te aporten los mejores resultados.

Elegir las revistas electrónicas en las que anunciarse es otro factor importante. Aquí tienes algunas cosas que debes tener en cuenta cuando busques revistas electrónicas:

- Suscríbete tú mismo a la revista electrónica y lee varios números para hacerte una idea del tipo de material que incluyen
- Conoce a tu público objetivo para poder identificar fácilmente las revistas electrónicas que puedan interesarles
- No descartes los ezines con menor difusión. A menudo, las revistas electrónicas con menos suscriptores se leen con más detenimiento, lo que se traduce en un mayor índice de respuesta para tu anuncio.
- Dirígete a revistas electrónicas que ofrezcan un número limitado de anuncios por número para que el tuyo no se pierda entre la multitud, y asegúrate de que la revista electrónica emplea una política de no publicar anuncios similares en el mismo número (para que no acabes compitiendo directamente con tu competencia).

¿Cómo encuentras estas revistas electrónicas? Introduce "revista electrónica" o "directorio de revistas electrónicas" en tu motor de búsqueda favorito junto con tu tema, y aparecerán miles (o millones) de resultados. También puedes suscribirte a una base de datos de revistas electrónicas de pago, como www.web-source.net, para acceder a un enorme listado de revistas electrónicas con información constantemente actualizada sobre bases de suscripción, tarifas publicitarias y datos demográficos de distribución.

También puedes pujar por espacios publicitarios en revistas electrónicas específicas en un sitio web como www.ezineadauction.com, lo que puede resultar más rentable y ahorrar tiempo que la compra tradicional de espacios publicitarios.

Programas de pago por clic

Baratos y eficaces, los programas de pago por clic te permiten pagar por la publicidad sólo cuando la gente visita realmente tu sitio web. Programas como Google AdWords y Yahoo! Overture listan enlaces a tu sitio web junto con breves descripciones en los motores de búsqueda, normalmente en la primera, segunda o tercera página de resultados dependiendo de la cantidad que "pujes" por cada palabra clave, y de la cantidad máxima por clic que establezcas. Para saber más sobre los programas de pago por clic, visita www.payperclicksearchengines.com.

Entre los programas similares a la publicidad de pago por clic se incluyen:

- Pago por contacto: Estos programas incluyen tu sitio web en otros sitios que pueden visitar tus clientes potenciales. Si tus productos o servicios les interesan, pueden rellenar un formulario de registro voluntario, descargar un producto gratuito o participar en un concurso que les llevará a tu sitio web.
- Pago por ventas: Este tipo de programa también se conoce como programa de afiliación (encontrarás más información sobre los programas de afiliación más adelante en este capítulo). Otros sitios web anuncian tus productos o servicios por ti a cambio de una pequeña comisión, según las condiciones predeterminadas que tú establezcas. Más información sobre afiliados en www.clickaffiliate.com
- Anuncios en banners: Los anuncios de banner son esos llamativos gráficos cuadrados o rectangulares que probablemente hayas visto en varios sitios web. Los banners publicitarios suelen funcionar sobre la base del pago por clic: pagas una cantidad preestablecida al sitio web que los aloja cada vez que un visitante hace clic en tu banner.

Para más información sobre los banners publicitarios, visita

http://www.addynamix.com

http://www.valueclick.com

http://www.i-clicks.net

Marketing por correo electrónico

Es una de las formas más caras de marketing en Internet que existen. Sin embargo, también es una de las más eficaces. El marketing por correo electrónico permite una comunicación directa y personalizada con tus clientes potenciales, lo que puede aumentar significativamente las tasas de conversión y fidelización.

¿Qué es el marketing por correo electrónico opt-in? En pocas palabras, compras una lista específica de direcciones de correo electrónico y empiezas a enviarles publicidad. Suena a spam, ¿verdad? En realidad, las direcciones que recibes con la compra de una lista opt-in son personas que han expresado interés en los tipos de productos o servicios que ofreces, y han aceptado recibir publicidad. Con una lista opt-in, ya estás un paso por delante en el juego del marketing.

Antes de comprar una lista opt-in, debes dar dos pasos. El primero es investigar al proveedor de la lista y asegurarte de que su empresa es legítima. Si compras una lista a una empresa que no utiliza la confirmación opt-in, acabarás enviando spam a miles de clientes potenciales y probablemente los alejarás de tu negocio para siempre.

En segundo lugar, tienes que poner a prueba tu mensaje de marketing y asegurarte de que es eficaz antes de comprar una lista. Acabarás malgastando dinero si obtienes una lista de clientes objetivo y no consigues impresionarles con tu material. Asegúrate de que tu publicidad ya te ha dado resultados y, a continuación, invierte en una lista opt-in. Además, es importante segmentar tu lista de correos para enviar mensajes más personalizados y relevantes a cada grupo de destinatarios. Esto puede aumentar la efectividad de tus campañas y mejorar la experiencia del usuario.

Finalmente, no olvides medir y analizar los resultados de tus campañas de correo electrónico. Utiliza métricas como la tasa de apertura, la tasa de clics y la tasa de conversión para evaluar el rendimiento de tus correos y hacer ajustes necesarios. La optimización continua es clave para mantener la eficacia de tu estrategia de marketing por correo electrónico.

Autorespuestas

Cuando se trata de marketing en Internet, los autorespondedores son tus mejores amigos.

Los sistemas de autorespuesta hacen justo lo que su nombre indica: responden automáticamente a los mensajes entrantes. En tu negocio online, puedes utilizar los autorespondedores para diversos fines. Puedes configurar un autorespondedor para:

- Responder a las solicitudes de más información
- Acusar recibo de los mensajes
- Envío automático de facturas cuando los clientes hacen pedidos
- Avisa a la gente cuando te vayas de vacaciones
- Envía un mensaje inicial y varios mensajes de seguimiento de forma programada y preestablecida

Hay muchos más usos para los autorespondedores, y puede que descubras algunos de ellos a medida que avances en tu negocio en Internet.

Básicamente, hay dos tipos de autorespuestas:

Las autorespuestas de seguimiento único responden automáticamente a cada correo electrónico enviado a una dirección concreta con el mismo mensaje. Si tienes varias cuentas de correo electrónico, puedes programar autorespuestas de seguimiento único con mensajes diferentes para cada una. Por ejemplo, puedes tener una dirección info@mycompany.com que responda con un paquete de información general sobre ventas; una dirección sales@mycompany.com que responda con información específica sobre productos; y una dirección invoice@mycompany.com que envíe recibos cuando los clientes hayan completado las ventas.

Las autorespuestas de seguimiento múltiple suelen denominarse autorespuestas secuenciales. Estos programas son un poco más complicados, y pueden configurarse para enviar varios mensajes en intervalos de tiempo preestablecidos, como una vez al día, a la semana o al mes, o con intervalos variables según el tipo de mensajes que envíes.

Algunas de las características de las autorespuestas secuenciales son:

- Personalización de mensajes
- La posibilidad de enviar una copia de cada mensaje entrante a tu cuenta de correo electrónico
- Creación de formularios en línea
- Soporte para mensajes HTML y de texto plano
- Capacidades de actualización de correo electrónico de "lista completa" para enviar mensajes a todas las personas suscritas a tu autorespondedor simultáneamente
- Soporte para archivos adjuntos como documentos o imágenes
- Seguimiento de URL para seguir los clics
- Mensajes sin publicidad (algunos programas gratuitos de autorespuesta de seguimiento único tienen publicidad)
- Enlace automático "Anular suscripción" añadido a cada mensaje saliente

Hay muchas empresas web que ofrecen programas de autorespuesta, normalmente por una tarifa mensual baja similar a la de los servicios de alojamiento web. También puedes conseguir un paquete completo con un alojamiento web y un programa de autorespuesta por un precio mensual.

Una vez que hayas obtenido un programa de autorespuesta, sigue estos pasos para configurarlo en tu sitio web:

1. Crea un formulario web para captar la información de contacto de los visitantes.
2. Escribe mensajes de seguimiento convincentes y personalizados sobre tu oferta. Deberías crear de tres a siete mensajes diferentes que promocionen tu venta o cubran diferentes aspectos y/o bonificaciones asociados a ella.
3. Carga los mensajes en tu programa de autorespuesta y especifica los intervalos con los que quieres que se envíen. Puedes enviarlos cada pocos días, una vez a la semana o cuando quieras.
4. Configura una página de confirmación a la que lleguen tus visitantes después de haberse suscrito correctamente a tu autorespondedor.
5. Configura una página de error para quien se equivoque en el formulario, y coloca un enlace de correo electrónico en la página para que los visitantes puedan seguir enviando solicitudes a la dirección de tu autorespondedor.
6. Sube o activa tu página principal de pedido, la página de confirmación y la página de error en tu alojamiento web.
7. Inspecciona tus páginas web en directo y prueba todos los enlaces. Visualiza las páginas con distintas resoluciones y en distintos navegadores para asegurarte de que son legibles y limpias.
8. ¡Lanza tu campaña de marketing!

Configurar un autorespondedor no es un proceso rápido y fácil, pero con un poco de investigación y trabajo, puedes crear una serie de autorespondedores de éxito que dejen que tus productos o servicios se vendan solos.

Para más información sobre los autorespondedores, echa un vistazo:

www.Automatic-Responder.com

Estrategias de pago por clic

Como ya hemos comentado brevemente, el marketing de pago por clic es un método de publicidad que te permite pagar sólo por los clientes que realmente visitan tu sitio web. La publicidad de pago por clic (PPC) es muy eficaz, porque envía tráfico cuidadosamente segmentado a tu sitio web, es decir, personas que realmente buscan los productos y servicios que ofreces, y no sólo navegar por la Red.

Así es como funciona el marketing PPC: la mayoría de los programas requieren que ingreses cierta cantidad de dinero en una "cuenta". A continuación, pujas por determinadas palabras clave asociadas a tu producto o servicio. Por ejemplo, si vendieras software de creación de ebooks, podrías elegir *ebook creator, ebook compiler, ebook software, ebook maker* y simplemente *ebook* como algunas de tus palabras clave. Sin embargo, ten en cuenta que otros anunciantes PPC están pujando por las mismas palabras clave.

Una vez fijadas las pujas por palabras clave, no son permanentes: puedes subirlas o bajarlas cuando descubras cuáles dan mejores resultados. El programa PPC coloca tu sitio web en los primeros resultados de búsqueda, junto con los demás ofertantes en orden de mayor a menor puja. Cuando un internauta hace clic en tu anuncio, el importe de la puja (normalmente de 2 a 25 céntimos) se deduce de tu cuenta.

Muchos programas PPC te permitirán ver una lista de términos de búsqueda reales que se han utilizado para encontrar productos o servicios similares a los tuyos. Esta función puede denominarse generador de palabras clave o motor de palabras clave. Aprovéchate de ello cuando elabores tu lista de términos de búsqueda: cuantas más palabras clave incluyas en tu oferta, más tráfico recibirás en tu sitio web.

Cuando hayas elaborado una lista de palabras clave específicas, experimenta con ellas. Visita varios motores de búsqueda e introduce tus palabras clave para ver qué tipo de resultados generan. A través de búsquedas experimentales, también puedes saber lo que pujan tus competidores por sus palabras clave y ajustar tus pujas en consecuencia.

No tienes que aparecer en la primera página de los resultados de búsqueda para conseguir tráfico en tu sitio web. Incluso si tus anuncios PPC acaban en la segunda o tercera página, pueden seguir siendo eficaces. Sin embargo, la mayoría de los usuarios de los motores de búsqueda no pasan de las tres primeras páginas más o menos, lo que significa que tienes que ajustar tus ofertas para asegurarte de que acabas en algún lugar de las tres primeras páginas.

Tu objetivo no debe ser convertirte en el mejor postor en los términos de búsqueda más populares. Con un término general como "ebook" podrías acabar pagando fácilmente unos cuantos dólares por clic para aparecer en las tres primeras páginas, y no todos esos clics se traducirán en ventas. En lugar de eso, deberías tratar de encontrar palabras clave menos utilizadas que sean muy relevantes para tus ofertas, y que se traduzcan en una mayor proporción de clics por ventas.

Experimenta con tus pujas PPC y tus listas de palabras clave hasta que descubras el mejor equilibrio entre tráfico y coste por visitante. Una vez que hayas determinado qué palabras clave te generan los mejores resultados, te encontrarás mucho más cerca del éxito del marketing en Internet.

Redactar el texto de tu anuncio de pago por clic: Determinar tu estrategia de pujas y palabras clave es sólo una parte del éxito de una campaña de publicidad PPC. Puedes conseguir que tu anuncio llegue a millones de personas, pero si no está redactado de forma convincente, nadie hará clic para acceder a tu sitio web.

La redacción de tu anuncio es fundamental para tu estrategia de marketing PPC. Tienes un número extremadamente limitado de palabras para transmitir tu mensaje, y tienes que hacer que cada una cuente. La mayoría de los anuncios PPC constan de un titular, una breve frase en el cuerpo del texto y tu enlace directo o URL. El titular debe llamar la atención, ser ingenioso y honesto: si los usuarios de los motores de búsqueda hacen clic en tu sitio y no encuentran lo que esperaban, tu reputación se verá perjudicada.

¿En qué titular es más probable que hagas clic?

Venta de software para libros electrónicos

o...

Crea ebooks atractivos en cuestión de minutos

La mayoría de la gente elegiría el segundo titular antes que el primero.

Después del titular está el cuerpo del texto, que se limita a unas pocas palabras o frases. Una vez más, el texto debe ser breve, conciso y directo. No ofrezcas obsequios aquí; algunos usuarios de buscadores simplemente buscan ofertas gratuitas, y no estarán interesados en comprar tu producto o servicio por muy convincente que sea. De nuevo, asegúrate de que tu texto exige atención. En lugar de:

Utiliza nuestro programa para crear tus propios libros electrónicos. Tenemos una amplia selección de gráficos de portada integrados en nuestro programa. Disfruta de nuestros precios de oferta y funciones especiales a un solo clic.

Prueba a hacer algo así:

Crea libros electrónicos profesionales y completos en cuestión de minutos, en lugar de horas, con nuestra sencilla interfaz de usuario y miles de gráficos entre los que elegir. ¡Precios rebajados por tiempo limitado!

Para obtener más ideas sobre anuncios atractivos, ¡investiga un poco! Realiza búsquedas de productos o servicios similares a los tuyos y lee los anuncios de pago por clic (que suelen aparecer en recuadros sombreados o secciones separadas en la parte superior e inferior o a los lados de los resultados de la búsqueda principal) para ver cuáles te dan ganas de hacer clic. Puede que encuentres algunas ideas que te sirvan de modelo para tus propios anuncios.

Por supuesto, también puedes aprovechar varios programas de publicidad de pago por clic para maximizar tu exposición. Una buena estrategia consiste en inscribirse en programas PPC a través de varios motores de búsqueda y controlar los resultados. Cuando hayas determinado qué programas obtienen más visitas y conversiones de ventas, simplemente suspende los que no funcionen.

Visita www.payperclicksearchengines.com para ver una lista de programas PPC junto con reseñas y valoraciones. También puedes consultar estos sitios web de programas de pago por clic:

http://adwords.google.com
http://www.overture.com
http://www.Findwhat.com
http://www.7search.com

http://www.Win4win.com
http://www.Bay9.com

Estrategias de afiliación

Si alguna vez has leído algo sobre marketing en Internet, probablemente habrás oído hablar un poco de los programas de afiliados. Con un programa de afiliados, alojas un banner o anuncio de texto de otro sitio web en tu sitio. Cuando tus visitantes hacen clic en el enlace del afiliado, te pagan. A veces los afiliados pagan por clic (unos céntimos). Otros programas de afiliados ofrecen una comisión (porcentaje de las ventas) si los visitantes de tu sitio web compran algo en el suyo.

Muchos vendedores por Internet se inscriben en varios programas de afiliados, porque en la mayoría de los casos sólo ganan unos céntimos por clic en cada programa. Inscribirse en programas de afiliación cuidadosamente seleccionados, que complementen tu negocio pero no compitan con él, puede ser una buena forma de ganar dinero en Internet.

Sin embargo, una forma aún mejor de ganar mucho dinero es iniciar tu propio programa de afiliados y contratar a otros sitios web para que anuncien tus productos y servicios por ti. Es como contratar una fuerza de ventas barata, pero eficaz.

Siempre que ofrezcas una comisión decente por tu programa de afiliación, atraerás a varias personas interesadas en convertirse en afiliados. Por supuesto, cuanto mayor sea la comisión que ofrezcas, mayor "fuerza de ventas" acumularás. Es una buena idea mirar otros programas de afiliación relacionados con tu área de negocio y averiguar cuáles son sus comisiones o tasas de pago por clic, y luego ofrecer un pago mayor si puedes.

Tendrás que escribir una carta de ventas de afiliación que describa tu programa. Esta carta debe ser tan convincente y persuasiva como la carta de ventas de tus productos o servicios. Al crear tu programa de afiliación, intenta pensar en las cosas desde el punto de vista de los afiliados potenciales. ¿Cuáles son los beneficios para ellos cuando se inscriben en tu programa, aparte del beneficio, por supuesto? ¿Ofreces productos o servicios de calidad que gusten a sus clientes? ¿Tienes bonificaciones para los afiliados con mejores resultados?

Si creas un programa de afiliados, también tendrás que diseñar tus propios banners y anuncios de texto para que los coloquen tus afiliados. Esto no sólo es más cómodo para tus afiliados, sino que también es más eficaz para las ventas. Tú conoces tus productos o servicios mejor que tus afiliados, por lo que eres la persona más indicada para diseñar anuncios atractivos que atraigan visitantes de los sitios de tus afiliados al tuyo.

Cuando estés listo para crear tu programa de afiliados, tienes unas cuantas opciones a tu disposición. Si tienes un nivel decente de conocimientos informáticos, puedes comprar un programa de software de afiliación que te permitirá diseñar y realizar el seguimiento de tu programa tú mismo. Otra opción es "contratar" a una empresa externa de seguimiento de afiliados.

Cada programa tiene sus ventajas y sus inconvenientes. Con el software de afiliación, tienes un control total sobre el diseño de tu programa, y te quedas con todos los beneficios. Sin embargo, debes estar preparado para invertir más tiempo en el programa, ya que tú mismo te encargarás de todo el seguimiento, la inscripción y la emisión de los cheques de las comisiones.

Si utilizas una empresa externa, deberás pagarles una comisión (normalmente esta comisión se resta de tus beneficios de afiliado, y el saldo se te remite a ti). Sin embargo, no tendrás que preocuparte de las inscripciones, el seguimiento y el pago de comisiones, por lo que tendrás más tiempo para dedicarte a otras áreas de tu negocio.

Recuerda: Haz tus deberes antes de inscribirte en cualquier programa de marketing de afiliación. Cada programa es diferente, y las estructuras de comisiones y pagos varían de un programa a otro. Asegúrate de leer atentamente el acuerdo y busca la siguiente información:

- ¿Cómo se cuenta un "clic"?
- ¿Cómo se calcula una "pista"?
- ¿Cómo te pagarán (cheque, PayPal, transferencia electrónica) y con qué frecuencia?
- ¿La empresa tiene buena reputación (otros afiliados están satisfechos con los resultados)?
- ¿Hay opiniones sobre la empresa? ¿Buenas o malas?

Tanto si te inscribes como afiliado en varios programas diferentes como si inicias tu propio programa de afiliados, se pueden obtener beneficios de los afiliados. Una vez más, cuando se trata de programas de afiliación, la estrategia es la clave. Tómate tu tiempo para determinar qué programas o métodos funcionarán mejor para tus productos o servicios, ¡y verás cómo aumenta el tráfico a tu sitio web!

Capítulo 2

La fase inicial

Ahora que sabes por qué deberías comercializar en Internet, dónde encontrar un gran negocio online que te funcione y cuándo empezar tu negocio y tus campañas de marketing, ¡es hora de aprender cómo puedes hacerlo!

Negocio gratuito e instantáneo en Internet: Sólo tienes que añadir un blog

Ahora deberías poseer una comprensión básica de los ingredientes clave para el éxito de los negocios en Internet. Necesitas un producto o servicio, necesitas clientes a los que dirigirte y necesitas un sitio web para llegar a ellos.

Si ya tienes un sitio web, vas un paso por delante. Sin embargo, si aún no tienes tu propio sitio web empresarial, puedes conseguir uno que sea gratuito, fácil de mantener y que se puede crear en unos treinta minutos con un formulario especializado en sitios web llamado blog.

¿Qué es un blog? La palabra es la abreviatura de "web log", y se refiere a un sitio web que está configurado como un diario en línea: puedes "publicar" en tu blog tan a menudo como quieras, y puedes añadir imágenes, sonido y gráficos a tus publicaciones. Los blogs son uno de los medios más interactivos que existen en Internet: con la función de comentarios, los visitantes pueden dejar notas en tu blog para decirte lo que les gusta o disgusta de tus productos o servicios, y lo que les gustaría ver en el futuro.

Los blogs no se utilizan sólo para los negocios. De hecho, hay millones de blogs personales que los internautas han creado simplemente para conectar con otras almas afines. La popularidad de los blogs ha dado lugar a toda una nueva subsección de Internet que se denomina comúnmente "blogosfera" y en la que los blogueros (personas que escriben un blog) enlazan con otros blogs, leen y comentan regularmente en otros blogs, y disfrutan a cambio de muchos visitantes y comentaristas.

También puedes utilizar eficazmente los blogs como sitio web empresarial gratuito. El software de blog más popular en Internet lo proporciona una empresa llamada Blogger, propiedad del gigante de los buscadores Google. Para empezar ahora mismo a crear tu sitio web Blogger gratis:

- Visita www.blogger.com
- Haz clic en el enlace naranja "Crea tu blog ahora" situado cerca de la parte inferior de la página.
- Introduce la información solicitada. Se te pedirá que selecciones un nombre de usuario, una contraseña, un nombre para mostrar y una dirección de correo electrónico válida. Elige tu nombre de usuario con cuidado, ya que a menudo será lo primero que vean los usuarios de Internet. Tu nombre de usuario se incluirá al final de cada mensaje que publiques.
- Haz clic en "Continuar".
- Introduce un título y una dirección para tu blog. El título de tu blog puede ser el nombre de tu empresa, o alguna variación creativa de los productos o servicios que ofreces. La dirección, o URL, debe ser algo fácil de recordar y teclear. La URL de tu blog será http://youraddress.blogspot.com.
- Selecciona un diseño de plantilla para tu blog. Blogger ofrece una gran variedad de estilos de blog diferentes, y puedes cambiar de plantilla en cualquier momento.
- Haz clic en "Continuar".

Ya está. Tu blog ya está configurado y listo para usar. Al final del proceso de registro tendrás la opción de rellenar tu perfil. Tu perfil de Blogger se podrá buscar por los intereses y temas que introduzcas, así que incluye aquí tus palabras clave cuidadosamente investigadas para ayudar a otros blogueros a encontrar tu sitio. Los motores de búsqueda también indexarán tu blog, por lo que es doblemente útil incluir palabras clave en tu perfil.

Cuando crees tu blog, se te dará la opción de añadir un poco de potencial de ingresos extra a tu nuevo sitio web suscribiéndote al programa Google AdSense. AdSense es un fragmento de código HTML que puedes añadir a la plantilla de tu blog y que generará automáticamente una serie de breves anuncios que se mostrarán en las páginas de tu blog. Cuando los visitantes hagan clic en estos enlaces, ganarás unos céntimos por cada clic.

Para instalar AdSense en tu blog, inicia sesión en tu cuenta de Blogger y ve a tu "Panel de control" (el panel de control que utilizas para crear entradas y editar tu sitio). Haz clic en la pestaña "Plantilla", selecciona el botón AdSense y sigue las instrucciones que aparecen en pantalla. Asegúrate de seguir las instrucciones para guardar y volver a publicar tu blog, o tus anuncios no aparecerán en tu sitio.

Una vez que hayas creado tu blog, tienes que correr la voz sobre él. No olvides enviar un correo electrónico a todos tus familiares, amigos y socios con un enlace a tu nuevo blog. Incluye también la URL en tu firma al final de tus correos electrónicos. También puedes indexar y comercializar tu blog como lo harías con un sitio web normal. Aquí tienes más consejos para atraer tráfico a tu blog:

- Envía la información de tu blog a los directorios de los buscadores, igual que un sitio web normal.
- Inscribe tu blog en directorios de blogs especializados. Si visitas www.PingoMatic.com, podrás enviarlo simultáneamente a los principales directorios de blogs.
- Visita otros blogs y deja comentarios reflexivos en su sección de comentarios. Cada blog que comentas crea otro enlace a tu propio blog y da a conocer tu nombre. Sin embargo, ten en cuenta la regla cardinal del

marketing en Internet: ¡no harás spam! Dejar comentarios que simplemente digan "¡visita mi blog aquí!" es grosero, poco profesional y hará que la blogosfera se vuelva rápidamente contra ti.

También puedes registrar tu nombre de dominio para tu blog y alojarlo en tu propio servidor, en lugar de tener una dirección .blogspot. Hay muchas formas de comercializar un blog, ¡así que sé creativo! Visita www.homebusiness.org para obtener más consejos, sugerencias y recursos sobre cómo crear y mantener un blog o sitio web de éxito.

Consulta el blog de Marketing en Internet en www.JeremyBurns.com/blog

Palabras sabias del sitio web

Tanto si utilizas un blog como un sitio web de estilo más tradicional para comercializar tu negocio, tu presencia en Internet es tu única presencia. Debe estar a la altura de la tarea de comercializar eficazmente tus productos o servicios.

Los mejores sitios web son sencillos, claros y fáciles de recorrer. Si tus visitantes no pueden encontrar lo que han venido a buscar con unos pocos clics, buscarán en otra parte. Los gráficos confusos, los plug-ins extravagantes, las animaciones Flash y los archivos de música o sonido automatizados suelen distraer más que impresionar. Quieres que tu sitio web vaya directo al grano: "Tengo un gran producto o servicio que debería interesarte. Esto es lo que hará por ti, y aquí tienes cómo comprarlo".

Evita que tus visitantes hagan clic en otro sitio con sus tarjetas de crédito

Tu sitio web debe ser sencillo y estar orientado a la venta. Mantén un diseño sencillo y limpio; no ensucies tus páginas con fuentes extravagantes o gráficos pesados que tarden mucho en cargarse. Ten un menú de navegación con botones claramente etiquetados en la parte superior o lateral de cada página, para que tus visitantes sepan exactamente cómo llegar a donde quieren ir. No provoques con la promesa de una bonificación o un producto gratuito, y luego hagas que sea casi imposible encontrar el obsequio. Todo lo que hay en tu sitio web debe ser accesible a menos de tres clics de todo lo demás.

Otra consideración importante en el diseño de tu sitio web es tu posición en los motores de búsqueda. El texto, el título y el diseño de tu sitio web determinarán el lugar que ocupes en los motores de búsqueda: si tus resultados acaban en la página uno o dos, o en la 5.398. Pocas personas encontrarán tu sitio web si tu posición en los motores de búsqueda no está en los primeros puestos.

A continuación se presenta un desglose de las secciones del sitio web en las que se concentran los motores de búsqueda, y lo que debe incluirse en cada una de ellas:

- **Título**: El título de tu sitio web es el texto que aparece en la barra superior de la ventana del navegador. Tu título será indexado primero por los motores de búsqueda, y será lo primero que vean los visitantes potenciales cuando tu sitio web aparezca en una búsqueda. El título debe contener tu palabra o palabras clave más importantes, junto con el nombre de tu empresa, si procede. Por ejemplo, si el nombre de tu empresa es "Instant E-book" y vendes software para libros electrónicos, tu título podría ser: "Instant E-book: Software para libros electrónicos y soluciones para libros electrónicos fáciles y asequibles".
- **La descripción:** La descripción es la breve propaganda que los motores de búsqueda mostrarán junto con tu título enlazado. Si tus páginas no especifican una descripción en las metaetiquetas o en el software de creación de sitios, el motor de búsqueda simplemente mostrará las primeras líneas de texto de tu página después del título. Especificar tu

mismo tu descripción te permite tener más posibilidades de subir en el ranking de los buscadores y ganar visitantes. Tu descripción debe ser breve (menos de 200 caracteres) e incluir tus palabras clave más importantes junto con una explicación convincente de tus productos o servicios.

- **Palabras clave:** Tus palabras clave son lo que las "arañas" de los motores de búsqueda (programas que "rastrean la web" buscando e indexando páginas) utilizan para determinar cuándo se incluirá tu sitio web en sus resultados. Utiliza estratégicamente palabras clave específicas en el título, la descripción y el texto de la página para aumentar tus posibilidades de obtener una buena clasificación en los motores de búsqueda.

- **El texto:** Se refiere a las palabras que aparecen realmente en tu sitio web. Antes, los motores de búsqueda daban más importancia a las metaetiquetas (que son invisibles para el internauta ocasional), pero prácticas como el relleno de palabras clave y el uso de palabras clave irrelevantes han hecho que se ponga más énfasis en el texto visible de la página. El texto de tu sitio web debe ser sensato e informativo, y contener palabras clave "espolvoreadas" (en lugar de rellenas) que tengan sentido dentro del contexto de tu palabrería. El texto más importante de tu sitio web debe aparecer cerca de la parte superior de la página, para que los visitantes no tengan que desplazarse hacia abajo para verlo.

Puedes encontrar más información sobre palabras clave y optimización de sitios web aquí:

http://www.jimtools.com

http://www.goodkeywords.com

Aspectos básicos del presupuesto

Puedes empezar con poca o ninguna inversión monetaria, pero con el tiempo tendrás que invertir algo de dinero en tu negocio de marketing en Internet. Aquí, presupuestar tus fondos es vital. No querrás acabar invirtiendo cientos o miles de dólares en una táctica o campaña publicitaria que no te devolverá la inversión.

Una vez que hayas creado un presupuesto, asegúrate de ceñirte a él. No te dejes tentar por "ofertas especiales" o programas con "resultados instantáneos", a menos que formen parte de tu estrategia de marketing cuidadosamente planificada y bien pensada. Si te ciñes a tu presupuesto, te obligarás a investigar a fondo cualquier oferta de marketing, buscar las mejores ofertas, llegar a acuerdos y determinar si merece la pena reinvertir en los resultados que obtienes con un método publicitario concreto.

Por desgracia, no hay forma de determinar el coste exacto del marketing en Internet. Tus necesidades y los precios actuales del mercado de bienes y servicios relacionados con la publicidad online dictarán cuánto vas a gastar. Tanto si necesitas invertir tu presupuesto en un paquete de sitio web, un autorespondedor de alta calidad, programación especial como componentes interactivos, o la compra de productos, materiales o paquetes llave en mano, la investigación es, una vez más, la clave de tus necesidades presupuestarias.

Si necesitas ayuda profesional para diseñar tu sitio web o redactar tus textos, contratar a un profesional autónomo es tu mejor opción. Ten en cuenta que, con los redactores y diseñadores autónomos, obtienes lo que pagas. Si el coste del servicio es barato, es probable que el servicio en sí también lo sea. Asegúrate de pedir muestras o portafolios antes de contratar a un autónomo. La mayoría de los autónomos trabajan también con tarifas competitivas. La buena noticia es que una vez que pagas a un autónomo para que diseñe tu sitio web o escriba tu texto, el resultado final es tuyo: la tarifa de autónomo es una inversión única que seguirá siendo rentable para ti.

Algunos costes adicionales que puedes incluir en tu presupuesto son:

- *Marketing por correo electrónico:* Contratar a una empresa de marketing en Internet o comprar una lista de clientes potenciales puede resultar rentable. Sin embargo, lanzar con éxito una campaña de marketing por correo electrónico no es un proceso sencillo. En primer lugar, debes investigar a fondo las empresas de marketing por correo electrónico. Hay muchas y los precios varían mucho. Algunas son poco éticas y pueden proporcionarte clientes potenciales no cualificados, lo que te acarreará problemas por spam. En segundo lugar, debes proporcionar a la empresa de marketing perfiles exactos de tus objetivos demográficos para asegurarte de que recibes el mayor número posible de clientes potenciales cualificados. En tercer lugar, la carta de marketing que escribas debe ser convincente para atraer a la gente a tu sitio web. Y, por último, tu propio sitio web debe estar en plena forma para convertir a todos esos visitantes en compradores. El marketing por correo electrónico no es una solución completa, sino un componente de un plan general de marketing eficaz.
- *Anuncios en banners:* Colocar banners publicitarios en tu sitio web puede ser eficaz, pero también en este caso hay que tener en cuenta muchos factores. Hay muchos sitios web que ofrecen espacio para banners publicitarios, pero te obligan a compartir espacio y a competir con otros sitios web que ofrecen productos o servicios similares. La colocación de banners publicitarios más eficaz viene con una garantía de exclusividad: el tuyo debe ser el único banner de la página. De lo contrario, te arriesgas a una fuerte disminución del tráfico cuando los visitantes se dirijan a otros sitios web.
- *Pago por clic:* Los programas PPC son uno de los métodos publicitarios más rentables y con mejores resultados de Internet. Con una campaña

PPC, sólo recibes tráfico específico: los visitantes que hacen clic en tus anuncios PPC han buscado tus palabras clave en un motor de búsqueda. Esto significa que es más probable que se conviertan en clientes de pago cuando lleguen a tu sitio web. El problema de la publicidad PPC es que sólo hay un número limitado de palabras clave específicas que se apliquen a tu negocio. Las palabras clave más populares y generalizadas están sujetas a una competencia feroz, de modo que sólo podrán utilizarlas quienes estén dispuestos a pagar un alto precio por clic.

También hay otras alternativas en el marketing de pago a tener en cuenta. Por ejemplo, cuando se trata de marketing PPC, no pagarás una cantidad enorme, pero tendrás que invertir una gran cantidad de tiempo en la investigación de palabras clave y el seguimiento de los resultados. En el mundo del marketing en Internet, tiempo es igual a dinero. Si estás interesado en lanzar una campaña de PPC, pero no crees que dispongas del tiempo o los conocimientos necesarios para dedicarte a que tu campaña tenga éxito, quizá debas plantearte contratar un servicio de gestión de publicidad de pago por clic para que haga el trabajo por ti.

Estas empresas entienden cómo funciona el marketing PPC, y te quitarán de las manos gran parte de la tarea de conseguir tráfico web para que puedas concentrarte en dirigir tu empresa. Algunos de los servicios que prestan las empresas de gestión de publicidad PPC son:

- Desarrollo de listas de palabras clave de alto rendimiento
- Creación de anuncios de texto convincentes y atractivos
- Lista de palabras clave y gestión de ofertas
- Optimización de campañas basada en el análisis de datos de rendimiento
- Resultados e informes de seguimiento para que los veas

Ten en cuenta que no basta con atraer tráfico a tu sitio web. Necesitas que llegue a tu sitio web tráfico relevante y específico: calidad por encima de cantidad. Por esta razón, una campaña PPC cuidadosamente planificada y orquestada puede ser muy rentable.

El programa PPC más popular, por supuesto, es AdWords de Google (del que ya hemos hablado en este libro). AdWords te sitúa cerca de los primeros puestos del motor de búsqueda más popular, y puedes cambiar tus palabras clave cada mes hasta que llegues a una combinación que te dé los mejores resultados.

Más sobre el tráfico

Si todas estas estrategias de marketing te dan vueltas a la cabeza, puedes saltarte las campañas y atraer tráfico de forma natural a tu sitio web con prácticas de optimización para motores de búsqueda (SEO). ¿Recuerdas la frase "el contenido es el rey"? Las prácticas de SEO capitalizan esa idea dando a tu sitio web un valor intrínseco, de modo que su clasificación en los motores de búsqueda sea naturalmente alta.

Los usuarios de Internet casi han agotado su interés por los artificios, la publicidad llamativa y los trucos simpáticos. Hoy buscan información real y productos y servicios útiles. Aunque las campañas PPC harán que tu sitio web aparezca en las legendarias "tres primeras" páginas de resultados, tu información estará claramente etiquetada (al menos para los internautas entendidos) como publicidad de pago. Los resultados naturales de los motores de búsqueda -los que aparecen en función del contenido de la página- disfrutan de la friolera del 75% de todos los clics de los motores de búsqueda.

Puedes contratar a una empresa para que optimice tu sitio web, o puedes hacerlo tú mismo mediante un estudio de mercado y poniendo énfasis en la redacción de tus contenidos. Las claves básicas de la optimización para los motores de búsqueda son:

- Incluye sólo contenido relevante. No mientas sobre tus productos o servicios, y no incluyas palabras clave populares en los buscadores que no tengan nada que ver con tu sitio web.
- Asegúrate de que tu contenido es informativo y agradable de leer. Ofrece a tus visitantes información real, no sólo palabrería y retórica.
- Añade contenido nuevo con regularidad. Escribe artículos informativos sobre temas que interesen a tus visitantes (o compra artículos en un directorio de artículos o en un servicio de contenidos).
- Que sea sencillo y real.

Investiga técnicas de optimización de búsquedas, o contrata a un profesional o empresa de marketing SEO para que revise tu sitio web. Unas posiciones naturales altas en los principales motores de búsqueda te aportarán mucho tráfico listo para convertirse en clientes de pago. Tu sitio web hará el resto.

Capítulo 3 Los
errores más comunes

1. *Trucos, publicidad falsa y otras tácticas fabricadas de boca en boca.*
   Aunque mentir es fácil y los trucos son bonitos, ninguno de ellos
   representa una estrategia publicitaria de éxito para tu negocio de
   marketing en Internet. ¿Recuerdas el chihuahua de Taco Bell? Puede que
   te pareciera mono -o molesto-, pero ¿te hizo salir corriendo a comprar
   tacos? Esa campaña en concreto supuso un enorme despilfarro de dinero
   publicitario para Taco Bell. La única forma de generar verdaderas ventas
   boca a boca es la original: dar a la gente un producto o servicio del que
   merezca la pena hablar. Una vez que se corra la voz, conseguirás
   negocios repetidos a largo plazo, además de ventas a corto plazo.

2. *Establecer condiciones de venta basadas en tus necesidades (en lugar de
   en las de tus clientes).* Puede que te resulte más fácil diseñar tu sitio
   web según tu plantilla o el "estilo que siempre has utilizado", pero eso no
   significa necesariamente que a tus clientes les resulte más fácil navegar.
   Cada aspecto de tu sitio web debe diseñarse pensando en tus clientes.
   Debes ser capaz de pensar como un cliente en lugar de como el
   propietario de un negocio, y decidir cómo buscaría la gente de forma
   más lógica por tu sitio web. Recuerda, si no pueden encontrar lo que
   buscan en tres clics, no perderán mucho más tiempo en encontrar otro
   sitio web donde sí puedan.

3. *Utilizando los mismos métodos de marketing que funcionaban antes de
   que apareciera Internet.* Aunque a algunos no les guste creerlo, Internet
   ha cambiado la faz de los negocios para siempre. Los negocios más
   tradicionales están perdiendo clientes por la comodidad y las opciones
   que ofrece Internet. Si no aprovechas las oportunidades que ofrece la
   llamada Supercarretera de la Información, tus competidores lo harán y

conseguirán el negocio de tus clientes. Recuerda también que "difundir" tu mensaje no es suficiente. Necesitas relevancia y honestidad para tener éxito en Internet.

4. *Creer que Internet es un entorno de "talla única".* Nada más lejos de la realidad. Por muy convincentes o amplias que sean tus prácticas de marketing, no podrás llegar a todos y cada uno de los usuarios de Internet que hay ahí fuera (y sí, ¡todavía hay gente en Internet que nunca ha oído hablar de Google o Amazon!). La diversificación es buena para tu negocio. Un ejemplo de ello son las múltiples cuentas de correo electrónico, que pueden dar la impresión de que tu empresa es más grande de lo que parece. Otro es tener varios sitios web. Si tienes más de un producto o servicio, crear un sitio web distinto para cada uno permite una mayor exposición a diferentes segmentos y demografías del mercado.

5. *Seguir las "mejores prácticas" de marketing sólo por fe.* Cuando se trata de Internet, no hay "mejores prácticas" establecidas. Este medio es todavía un bebé en comparación con otros medios publicitarios y comerciales. Lo que es mejor hoy puede no serlo mañana. La única "mejor práctica" que debes suscribir religiosamente es la conciencia de que Internet cambia constantemente, y debes estar preparado para adaptarte. Mantente atento a las tendencias actuales y a los avances tecnológicos, y mantén la mente abierta en lo que se refiere a las prácticas de marketing.

6. *El tráfico no significa éxito.* Esto ya se ha mencionado antes: puedes tener miles, o incluso millones, de "visitas" a tu sitio web y aun así no tener un negocio de marketing en Internet con éxito. Muchos propietarios de negocios online cometen el error de "comprar" tráfico a través de programas que prometen decenas de miles de visitantes por un precio bajo, pero estos visitantes no están interesados en tu sitio

web. Muchos de ellos hacen clic en una serie de enlaces para ganar créditos que puedan canjear por tráfico a sus propios sitios web, o por mercancías "gratuitas" prometidas por la empresa que aloja el programa de tráfico. No quieren detenerse a comprar tus productos o servicios. Necesitas tráfico dirigido que llegue a un sitio web diseñado para convertir a los visitantes en compradores.

7. *Conformarse con menos que los mejores resultados.* En cualquier campaña publicitaria, el empresario inteligente intentará determinar el porcentaje de personas que realmente realizaron compras como resultado de ver el anuncio. Esta cifra se llama "retorno". La tasa de retorno varía entre los distintos tipos de medios de comunicación. Por ejemplo, un 2 por ciento de retorno en marketing por correo directo -es decir, dos de cada cien personas que recibieron un folleto por correo e hicieron una compra- se considera fantástico. Cuando se trata de ventas por Internet, los profesionales del marketing suelen medir las tasas de retorno de las conversiones: de visitantes a ventas. Esa cifra debería tener una media del 2,4 al 2,6 por ciento si quieres tener éxito. Por desgracia, incluso un porcentaje tan bajo es difícil de mantener.

8. *Equiparar un diseño elaborado del sitio web con impresiones favorables del cliente.* Un sitio web recargado y confuso es uno de los mayores errores que cometen los vendedores por Internet. Cargar tu sitio web con múltiples productos, enlaces, reseñas y palabrería de ventas sólo convencerá a los visitantes de que te esfuerzas demasiado por justificar una oferta de segunda categoría. No dificultes que los visitantes encuentren lo que buscan, y dedica cada sitio web que mantengas a uno o dos productos concretos.

Capítulo 4
Conseguir el alta recurrente

¿Has visitado alguna vez un sitio web que prometía gran información, sólo para descubrir que tenías que registrarte antes de poder verla? Puede que el proceso de registro fuera gratuito o de pago, pero en cualquier caso tenías que introducir tus datos personales para acceder a ella.

¿Completaste el registro o buscaste la información en otra parte?

La respuesta depende del tipo de información prometida en el sitio web de suscripción. Si ya habías determinado que éste era el único lugar -o el más conveniente- para obtener la información que buscabas, probablemente seguiste adelante con el registro. Si no, probablemente volviste a hacer clic en los resultados del motor de búsqueda y lo intentaste de nuevo.

Las suscripciones para sitios web funcionan en algunos casos, pero no en otros. Si estás pensando en crear un sitio web de suscripción, asegúrate de que tienes una buena razón para hacerlo, o nadie se suscribirá. La clave para conseguir altas recurrentes es ofrecer contenido de valor que no se pueda encontrar fácilmente en otros lugares. Esto puede incluir informes exclusivos, acceso a expertos, herramientas especializadas o contenido premium que realmente justifique el coste o el esfuerzo del registro. Además, es importante que el proceso de registro sea lo más sencillo y rápido posible para no disuadir a los usuarios potenciales. Una vez que los usuarios se hayan registrado, mantenerlos comprometidos con actualizaciones regulares y contenido de alta calidad es esencial para asegurar que continúen suscritos a largo plazo.

Cobrar o no cobrar

Suscripciones gratuitas

Los sitios web que exigen el registro gratuito para acceder buscan recopilar información demográfica, normalmente para ayudarles a saber de dónde procede su tráfico o qué es lo que más interesa a sus visitantes, de modo que puedan ajustar sus campañas publicitarias en consecuencia. Algunos también utilizan formularios de registro para captar direcciones de correo electrónico para sus listas de distribución (la mayoría te dará la opción de decidir si aceptas recibir información u ofertas especiales de ellos cuando te registres).

Si la información o los servicios de tu sitio web merecen la pena por el tiempo adicional que tus visitantes tendrán que dedicar a registrarse, puedes plantearte añadir un componente de registro o suscripción a tu sitio web. Esto te permitirá estudiar tu mercado y construir tu lista de correo opt-in. Además, tener una base de datos de usuarios registrados te permite personalizar la experiencia del usuario, ofreciendo contenido y ofertas específicas que pueden aumentar la retención y la lealtad del cliente.

Sin embargo, si tu sitio web contiene información que puede encontrarse fácilmente en otra parte sin necesidad de registrarse, muchos internautas optarán por saltarse el largo proceso de registro (aunque sólo lleve unos minutos -recuerda, los internautas están acostumbrados a resultados instantáneos-) y visitar otro sitio web en su lugar. Por lo tanto, es crucial que el valor añadido de registrarse sea claramente comunicado y percibido como significativo por los visitantes. Ofrecer incentivos como acceso exclusivo a contenido premium, descuentos especiales o la posibilidad de participar en sorteos puede ser una estrategia efectiva para motivar a los usuarios a completar el registro.

Suscripciones de pago

Ahora hay algunos sitios web que cobran cuotas de suscripción, a partir de unos pocos dólares al mes. Normalmente, los tipos de sitios web que cobran cuotas mensuales son servicios de alojamiento web, proveedores de software especializado como autorespondedores, bolsas de trabajo para autónomos y localizadores de clientes potenciales, y periódicos o revistas en línea (ezines). También hay algunos sitios web corrientes que intentan cobrar una cuota de suscripción mensual.

Las suscripciones de pago son contrarias al "espíritu" de Internet, donde abunda la información gratuita. Pocas personas están dispuestas a pagar por información que de otro modo podrían recibir gratis. Todavía no se percibe suficiente valor en la mayoría de los sitios web como para justificar una cuota mensual. Si Google empezara a cobrar una cuota mensual, la gente simplemente recurriría a Yahoo o a otro motor de búsqueda popular en su lugar.

Sin embargo, cierta información es tan especializada y está tan poco disponible que la gente está dispuesta a pagar por ella, a veces muy caro. Un ejemplo es Lexis, una extensa base de datos jurídica en línea que cobra a los usuarios 2 dólares por minuto de acceso. Lexis hace un gran negocio por una tarifa tan desorbitada. Éste es sólo un ejemplo; para otros ejemplos de tendencias en el comercio electrónico, consulta www.commerce.net.

Para que un sitio web de suscripción de pago tenga éxito, es crucial que ofrezca un valor añadido significativo que no se pueda encontrar fácilmente en otros lugares. Esto puede incluir contenido exclusivo, herramientas avanzadas, servicios personalizados o acceso a una comunidad de expertos. Además, es importante que el sitio web mantenga una alta calidad y actualice regularmente su contenido para justificar la cuota de suscripción. La transparencia en cuanto a lo que los usuarios obtendrán a cambio de su dinero también es fundamental para ganar y mantener su confianza.

Capítulo 5
Tu programa de afiliación

Ya hemos hablado antes de los programas de afiliación, así que ya deberías saber que crear tu propio programa de afiliación para tus productos o servicios es una forma estupenda de ganar dinero con el marketing en Internet. Básicamente, crear un programa de afiliados es como contratar a tu propio equipo de ventas, que saldrá a vender por ti.

Sin embargo, también hay formas de beneficiarse de los programas de afiliación de otras empresas. De hecho, puedes basar todo tu negocio de marketing en Internet en los programas de afiliación y seguir teniendo éxito. A igual que con todas las demás formas de negocio online, la clave del éxito del marketing de afiliación es la preparación y la investigación. Es fundamental elegir programas de afiliación que se alineen con tu nicho de mercado y que ofrezcan productos o servicios de alta calidad. Investiga las comisiones que ofrecen, las políticas de pago y el soporte que brindan a sus afiliados.

Una vez que hayas seleccionado los programas adecuados, enfócate en crear contenido valioso y relevante que atraiga a tu audiencia y los motive a realizar compras a través de tus enlaces de afiliado. Utiliza estrategias de SEO para aumentar la visibilidad de tu contenido y considera el uso de marketing por correo electrónico para mantener a tu audiencia comprometida y actualizada sobre nuevas ofertas y productos. La transparencia y la honestidad son cruciales en el marketing de afiliación; asegúrate de recomendar productos que realmente creas que beneficiarán a tus seguidores.

Además, monitorea y analiza continuamente el rendimiento de tus campañas de afiliación. Utiliza herramientas de análisis para identificar qué estrategias están funcionando y cuáles necesitan ajustes. La optimización constante te permitirá maximizar tus ingresos y mejorar la efectividad de tu programa de afiliación. Con dedicación y una estrategia bien planificada, el marketing de afiliación puede ser una fuente lucrativa y sostenible de ingresos en el mundo del marketing en Internet.

Múltiples afiliaciones, múltiples pagas

Los programas de afiliación son una de las facetas más incomprendidas de los negocios online en la actualidad. Mucha gente cree que los programas de afiliación son lo mismo que las estafas piramidales: pagas a alguien por información interesante que te hará rico, sólo para descubrir que la única forma de hacerte rico es embaucar a otra persona para que caiga en la misma estafa que tú acabas de hacer.

La realidad de los programas de afiliación es bastante diferente, y mucho más honesta. Para entender mejor los programas de afiliación, empecemos con algo de terminología útil:

Un *afiliado* es cualquier sitio web, o "remitente", que promociona un producto o servicio propiedad de otra persona o bajo licencia de ésta, con el fin de ganar comisiones.

Un *comerciante* es el propietario del programa de afiliación. Los comerciantes son los propietarios del producto o de los derechos sobre el producto, y a través de un programa de afiliación un comerciante comparte los beneficios con los afiliados en función de los resultados.

En la sección anterior, hablamos de los métodos que puedes utilizar para ser comerciante. En esta sección hablaremos de los métodos que puedes utilizar para convertirte en afiliado.

¿Recuerdas los tres tipos básicos de programas de afiliación?

Los programas de pago por clic compensan a los afiliados por cada clic que envía visitantes desde el sitio web del afiliado al sitio web del comerciante.

Los programas de pago por venta proporcionan un porcentaje del precio de venta a un afiliado cada vez que un visitante del sitio web del afiliado hace clic en el sitio web del comerciante *y* realiza una compra.

Los programas de pago por contacto, que son los menos comunes, ofrecen una tarifa fija por cada contacto de ventas que el afiliado envíe y que el comerciante considere cualificado. Estos programas son impopulares porque son subjetivos y dependen totalmente del comerciante, y a pocos afiliados les interesa cobrar sólo si al comerciante "le da la gana".

A menudo, los sitios web afiliados ofrecen servicios de contenido, información y/o entretenimiento gratuitos o de pago a los visitantes. Los comerciantes online con programas de afiliación suelen vender productos, bienes o servicios. La información que se encuentra en el sitio web afiliado suele ser complementaria a los productos, bienes o servicios que vende el comerciante, por lo que los visitantes del sitio web afiliado están interesados en visitar el sitio web del comerciante. Algunos programas de afiliación sólo pagan por los clics en los enlaces que llevan al sitio web del comerciante, mientras que otros proporcionan un porcentaje adicional de las ventas que resultan de los visitantes del sitio web afiliado.

El tráfico generado a través de un enlace de afiliado no suele suponer mucho dinero. Por este motivo, muchos vendedores afiliados se inscriben en varios programas de afiliación para generar más de una fuente de ingresos. Es importante comprender cómo funcionan los programas de afiliación para generar beneficios decentes a través de ellos.

Los comerciantes pueden hacer un seguimiento de los clics de los afiliados y determinar si se produjeron ventas a partir de ellos. Cada afiliado recibe una URL especial con un código de afiliado incrustado al final, para que el comerciante pueda saber si los visitantes proceden de tu sitio web. Es importante que incluyas tu enlace de afiliado específico allí donde tus visitantes hagan clic para ir al sitio del comerciante; de lo contrario, no obtendrás crédito por los clics.

Como afiliado, hay algunas cosas que puedes hacer para que tu sitio web sea más atractivo para los comerciantes con programas de afiliación que pagan mucho. Te conviene inscribirte en varios programas de afiliación, pero asegúrate de que tus páginas no estén abarrotadas de enlaces. La mejor forma de sacar provecho de los programas de afiliación es dispersar los enlaces por todo tu sitio web, además de colocarlos a los lados o en la parte superior de la página. Por ejemplo, puedes incrustar un enlace de afiliado dentro del texto de un artículo que sea relevante para el producto o servicio del comerciante.

Ni que decir tiene que el contenido de tu sitio web debe reflejar el del sitio web del comerciante. Si tu sitio web trata sobre el cuidado de mascotas, no deberías inscribirte en un programa de afiliados que ofrezca software de creación de libros electrónicos. Los mejores programas de afiliación son selectivos con los sitios web a los que permiten afiliarse, ya que no quieren que los sitios web afiliados sean un mal reflejo de ellos para sus visitantes. Al igual que con tu propio negocio, tu sitio web de afiliado debe contener información clara y relevante, y estar tan libre de errores como sea posible.

Los programas de afiliación de éxito garantizan que ambas partes -comerciante y afiliado- estén satisfechas con el resultado. Si entras en un programa de afiliación y descubres que estás haciendo demasiado trabajo sin una compensación suficiente, interrumpe el programa y busca algo que produzca mejores resultados. No tienes por qué estar a merced de un comerciante avaricioso que es demasiado tacaño para pagar a los afiliados lo que valen.

Los mejores consejos para tener éxito como afiliado

Si has decidido convertirte en un vendedor afiliado, hay muchas cosas que puedes hacer para mejorar tus posibilidades de éxito. Ten en cuenta que en un programa de afiliados, miles de vendedores online compiten por los mismos clientes, utilizando exactamente el mismo producto. Estos consejos te ayudarán a destacar entre la multitud.

- Asegúrate de entrar en tu negocio de afiliación con una mentalidad positiva pero realista. No creas que te harás rico de la noche a la mañana y, de hecho, si la descripción del programa promete que lo harás, lo más probable es que se trate de una estafa de la que deberías alejarte. Date cuenta de que tu negocio tardará en desarrollarse, y estate dispuesto a poner todo tu empeño en conseguir el éxito como afiliado.
- Utiliza Google AdWords como herramienta complementaria para comercializar tus programas de afiliación. Establece tus ofertas por palabras clave de modo que cada clic te cueste menos que la comisión que ganas. De esta forma conseguirás un pequeño sueldo adicional con poco esfuerzo.
- En lugar de utilizar los anuncios, artículos y reseñas preformateados que proporcionan los programas de afiliación, escribe los tuyos propios y hazlos más convincentes. Esto no sólo aumentará tu tráfico, sino que también te ayudará a destacar entre todos los demás afiliados que utilicen el mismo programa y materiales.
- Asegúrate de que eliges programas de afiliación que coincidan con el contenido de tu sitio web y tu boletín informativo, o que puedan relacionarse con él de alguna manera firme. Los enlaces de afiliación incongruentes o irrelevantes en tu sitio web disminuirán tu reputación, así como la del comerciante con el que estás afiliado.

Puedes elegir una o varias de estas estrategias para aplicarlas a tu negocio de marketing de afiliación. Experimenta con ellas, ajusta tus palabras clave y prueba nuevas estrategias hasta que descubras una combinación que te proporcione un buen flujo constante de ingresos.

www.ingramcontent.com/pod-product-compliance
Lightning Source LLC
LaVergne TN
LVHW051624050326
832903LV00033B/4644